CONTRIBUTION

A

L'HISTOIRE DU DROIT LATIN

PAR

Otto HIRSCHFELD

Professeur à l'Université de Vienne.

Traduit du *Festschrift zur fuenfzigjaehrigen Gruendungsfeier des archaeologischen Institutes in Rom.* [1879]

PAR

H. THÉDENAT

PRÊTRE DE L'ORATOIRE

Directeur du Collège de Juilly.

PARIS

ERNEST THORIN, ÉDITEUR

Libraire du Collège de France, de l'École normale supérieure
des Écoles françaises d'Athènes et de Rome

7, RUE DE MÉDICIS, 7

1880

DÉPÔT LÉGAL
2.e SEMESTRE
N° 205
1920

CONTRIBUTION

A

BIBLIOTHÈQUE NATIONALE
R.F.
IMPRIMÉS.

L'HISTOIRE DU DROIT LATIN

H.
Licco
8° H
481

Extrait de la *Revue générale du droit*.

TOULOUSE. — IMP. A. CHAUVIN ET FILS, RUE DES SALENQUES, 28.

CONTRIBUTION

A

L'HISTOIRE DU DROIT LATIN

PAR

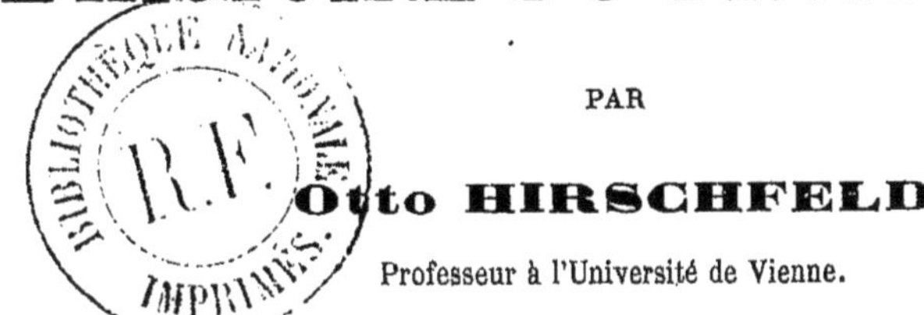

Otto HIRSCHFELD

Professeur à l'Université de Vienne.

Traduit du *Festschrift zur fuenfzigjaehrigen Gruendungsfeier des archaelogischen Institutes in Rom.* [1879]

PAR

H. THÉDENAT

PRÊTRE DE L'ORATOIRE

Directeur du Collège de Juilly.

PARIS

ERNEST THORIN, ÉDITEUR

Libraire du Collège de France, de l'École normale supérieure des Écoles françaises d'Athènes et de Rome

7, RUE DE MÉDICIS, 7

1880

CONTRIBUTION A L'HISTOIRE DU DROIT LATIN [1]

De toutes les questions ayant trait à l'archéologie romaine, l'organisation municipale, que les savants avaient à peine abordée jusqu'à nos jours, est celle que les découvertes récentes ont le plus agrandie et le plus approfondie. Vingt-cinq années à peine se sont écoulées depuis que Théodore Mommsen a fait connaître au public allemand le droit municipal de Salpensa et de Malaca, qu'on venait de découvrir en Espagne, et a fixé, dans son commentaire, les principes de la commune latine au temps de l'empire; et voilà que de nouveau le sol si fécond de l'Espagne nous a offert, il y a peu d'années, dans les restes considérables du droit municipal d'Urso, une image presque aussi vivante d'une colonie de citoyens romains au moment de transition entre la république et l'empire. A coup sûr, il serait désirable de pouvoir, pour combler quelques lacunes, compléter ces monuments qui, représentants de genres tout entiers, peuvent prétendre à une valeur plus que particulière; toutefois, on est en droit de hasarder l'opinion que les traits essentiels du tableau sont dès maintenant clairement reconnaissables. Il est vrai que sur le droit latin lui-même et ses différents degrés, déterminés par Gaius dans un passage aussi souvent cité que mal compris, il subsistait, même après ces importantes découvertes, bien des incertitudes. C'est le mérite de *Wilhelm Studemund* d'avoir donné la restitution de ce texte de Gaius qui semblait détruit sans espérance, restitution si simple que, si l'on s'était hasardé à la donner comme une conjecture, elle aurait pu difficilement, à cause même de cette simplicité inattendue, compter sur l'assentiment des savants.

(1) M. Otto Hirschfeld a bien voulu, à l'occasion de cette publication, introduire dans son Mémoire de légères modifications; le lecteur qui aurait le texte allemand sous les yeux est prié de ne pas croire qu'elles sont dues à l'infidélité du traducteur. — Je me fais un devoir et un plaisir de remercier ici M. Bosseaux, professeur d'allemand au collège de Juilly; ses conseils m'ont plus d'une fois aidé dans ce travail (*Note du Traducteur*).

Le passage classique de Gaius sur la forme du droit latin dans les temps plus récents est ainsi conçu : *Aut maius est Latium aut minus : maius est Latium, cum et h[i] qui decuriones leguntur et ei qui honorem aliquem aut magistratum gerunt, civitatem Romanam consecuntur ; minus Latium est, cum hi tantum qui magistratum vel honorem gerunt, ad civitatem Romanam perveniunt, idque compluribus epistulis principum significatur.*

Sans avoir l'intention de revenir sur les hypothèses anciennes écartées par la leçon de Studemund (1), je crois utile d'examiner, à la lumière de cette leçon maintenant certaine, les textes des auteurs classiques et des inscriptions concernant l'histoire du droit latin dans les derniers temps. Nous chercherons ainsi à déterminer, s'il est possible, à quelle époque ont été créées les deux catégories du droit latin mentionnées par Gaius.

La définition de Gaius ne laisse place à aucun doute : avec le *maius Latium*, les décurions aussi bien que les magistrats, avec le *minus Latium*, les derniers seulement obtiennent le droit de cité romaine. Il est singulier, à vrai dire, que les deux expressions régulièrement synonymes, *honor* et *magistratus*, soient alliées dans les deux passages. Au point de vue de la langue comme au point de vue des faits, nous devrons nier, avec Mommsen (2), que par *honores* il faille entendre les

---

(1) Huschke (3ᵉ édition de Gaius, 1878) propose maintenant encore la conjecture que après *gerunt* : « *librarium hic integrum versum omisisse huius sententiae; nec ipsi solum sed etiam liberi et parentes* » (cf. Polenaar dans son édition, Leyde, 1876); conjecture qui ne se recommande par aucune preuve extrinsèque ni intrinsèque; nous verrons, au contraire, que la collation du droit de cité s'étendait aussi aux membres de la famille de ceux qui n'obtenaient que le *minus Latium*. Huschke remarque, il est vrai, lui-même : « *sed iam totus hic de Latii iure locus novo indiget tractatu.* »

(2) Mommsen, *St. R.*, I¹, p. 8, A. 4 : « *Magistratus* et *honor* sont parfois placés l'un à côté de l'autre, dans Suétone, *Aug.*, 26 ; Modestinus, *Digg.*, 50, 12, 11 ; *Dio*, 44, 47, et en particulier dans Gaius, I, 96, d'où il résulte que ceux-là d'entre les Latins obtiennent le droit de cité romaine qui *honorem aliquem aut magistratum gerunt*. Il est difficile de voir dans l'emploi de ces deux mots une simple tautologie, mais je ne saurais indiquer en quoi ils diffèrent. Il est certain que les promagistratures et les dignités sacerdotales ne sont pas plus des *honores* que des *magistratus*, et il n'y a pas de doute que, en revêtant de telles fonctions, le Latin n'ait, en aucune manière, obtenu le droit de cité. »

Pendant que je corrige les épreuves de ce travail, mon collègue, Adolf Exner,

sacerdoces. La question controversée : La questure doit-elle être considérée comme *honos* ou *munus* (1)? ne peut pas davantage avoir déterminé Gaius à cette double division. La questure, en effet, dans les communes où elle avait la valeur des *magistratus*, appartenait naturellement aux *honores*, tandis que dans les autres elle n'était considérée ni comme *magistratus* ni comme *honos*, mais simplement comme *munus*. On ne peut non plus penser aux *praefecti*, exerçant, comme suppléants, les fonctions des duumvirs absents, car il est prouvé que ceux-ci n'ont pas obtenu par leurs fonctions le droit de cité (2). A moins

appelle mon attention sur la dissertation de M. Ed. B e a u d o u i n, *Le majus et minus Latium*, récemment publié dans la *Nouvelle revue historique du droit français et étranger*, III, 1879; livraison 1-2 (Janvier-avril), p. 1-30 et p. 111-169. M. Beaudouin est d'avis que Gaius entend par *magistratus* le duovirat ou la *præfectura iuridicundo*, et par *honor* l'édilité et la questure; cependant, les passages qu'il cite pour appuyer cette assertion prouvent uniquemement que le nom général *magistratus* était quelquefois appliqué tout simplement aux plus hautes fonctions municipales, fait que l'on n'a jamais nié. Mais *honor* aussi bien que *magistratus* étant incontestablement l'expression habituellement usitée pour désigner les fonctionnaires municipaux ordinaires, on ne voit pas pourquoi Gaius, s'il n'entendait parler que de ces trois fonctionnaires, ne se serait pas contenté de l'une ou de l'autre de ces expressions; d'autant que, à son époque, on ne pouvait obtenir le droit de cité par l'exercice du duovirat et sans avoir passé préalablement par les degrés inférieurs; on peut en excepter tout au plus les colonies nouvellement fondées (cf. note 12). — M. Beaudouin échoue complètement quand il s'efforce de démontrer que jusqu'au temps d'Hadrien les places de décurions avaient été occupées exclusivement par d'anciens magistrats, et que l'on ne peut citer antérieurement à cette époque des exemples nombreux de décurions n'ayant auparavant occupé aucun emploi. Il résulterait de là que, chaque année, d'après l'*ordo honorum* observé régulièrement dès le premier siècle, il y aurait eu seulement place pour deux candidats au décurionat, et que, par suite, la curie aurait été complètement renouvelée seulement tous les cinquante ans; cette considération, à elle seule, suffit pour condamner une hypothèse entièrement arbitraire et contredite par des témoignages précis. De tout cela, il subsiste ce fait connu et incontesté que l'exercice d'une magistrature conduisit à la curie aussi longtemps que l'exercice du décurionat ne fut pas la condition de cette magistrature, c'est-à-dire pendant les deux premiers siècles de l'empire, sans que cependant l'adlection ait jamais été exclue ni ait jamais pu l'être. — Il n'y a pas lieu de suivre M. Beaudouin dans ses autres démonstrations erronées en beaucoup de points qui n'ont guère de contact avec mon travail.

(1) Charisius, *Digg.*, 50, 4, 18, § 2 : *et quaestura in aliqua civitate inter honores non habetur, sed personale munus est*, cf. Mommsen, *St. R.*, I², p. 9, note 2. Marquardt, *St. V.*, I, p. 492, A. 4.

(2) *Lex Salpensana*, § 25 : *e]i qui ita praefectus relictus erit... in omnibus rebus id ius e[a]que potestas esto praeterquam de praefecto relinquendo et d e c (i v i t a t e) R (o m a n a) c o n s e q u e n d a, quod ius quaeque potestas h(ac) l(ege) II viri[s qui] iure d(icundo) praeerunt datur.*

donc d'attribuer une tautologie à Gaius, qui cependant a, sans doute, emprunté sa définition aux *epistulae* impériales qu'il cite comme source, il resterait tout au plus à appliquer le mot au *praefectus* désigné par l'empereur duumvir. En effet, la désignation impériale prenant ici la place de l'élection populaire, sa fonction pouvait certainement être regardée comme *honor* (1), mais non, à proprement parler, comme *magistratus*, et c'est effectivement par suite de sa gestion qu'il semble avoir obtenu le droit de cité (2).

Si bien prouvée que soit par Gaius et les autres écrivains (3) l'obtention pour les Latins du droit de cité romaine comme conséquence de l'exercice d'une magistrature municipale régulière, on peut cependant se demander si cette obtention résultait de la prise de possession ou de la sortie de charge.

Le texte de Gaius : *qui honorem aliquem aut magistratum g e r u n t, civitátem Romanam consecuntur... qui magistratum vel honorem g e r u n t, ad civitatem Romanam perveniunt*, tend à faire admettre la première interprétation. Il en est de même du passage de Strabon (IV, 1, 12) : ὥστε τοὺς ἀξιωθέντας ἀγορανομίας καὶ ταμιείας ἐν Νεμαύσῳ Ῥωμαίους ὑπάρχειν. L'expression même d'Asconius (4) : *ius dedit Latii... id est ut g e r e n d o m a g i s t r a t u s*

---

(1) Callistratus, *Digg.*, 50, 4, 14 : *honor municipalis est administratio reipublicae cum dignitatis gradu, sive cum sumptu, sive sine erogatione contingens.*

(2) *Lex Salpens*, 24 : *si... imp(erator) Domitian[us] Caesa[r] Aug(ustus) p(ater) p(atriae) eum II viratum receperit et loco suo praefectum quem esse iusserit, is praefectus eo [i]u[re] esto quo esset, si eum II vir(um) i(ure) d(icundo) ex h(ac) l(ege) solum creari isque ex h(ac) l(ege) solus II vir i(ure) d(icundo) creatus esset.* La conclusion *ex silentio* est admissible ici, car la clause restrictive pour le préfet ordinaire se trouve dans le paragraphe qui suit immédïatement. — Le règlement en vertu duquel, dans certaines circonstances, un seul duovir était élu, peut-être quand la majorité absolue des curies ne parvenait pas à se réunir sur le second, est perdu. Le cas cependant paraît s'être présenté que, près d'un seul duovir, un seul édile aussi ait été en fonctions; c'est ainsi tout au moins que j'interpréterais les mots du § 29 : *sive u n u m sive plures collegas habebit* ; car il ne suffirait pas, pour les expliquer, d'admettre que les édiles étaient regardés comme collègues des duovirs (Mommsen, *Stadtrechte*, p. 433). On ne peut guère admettre qu'il n'y ait eu parfois aucun édile en fonctions.

(3) Cf. les renvois dans Marquardt, *St. V.*, I, p. 55, A. 8.

(4) *In Pisonianam*, p. 3. Le texte suivant concernant Placentia doit être ainsi rétabli : *Placentiam autem sex milia hominum novi coloni deducti sunt... Eamque coloniam LIII [annis post civitate Romana] d[ona]tam esse invenimus : deducta est autem Latina.* Les derniers mots rendent une telle restitution nécessaire. L'explication de Savigny (*Vermischte Schriften*, 3, p. 280, note 1), « Placentia était, d'après

civitatem Romanam adipiscerentur, aussi bien que celle qui se trouve répétée dans plusieurs inscriptions d'Espagne : *per honorem civitatem Romanam consecuti*, tout au moins ne lui sont pas contraires. Mais elle semble incompatible avec le début de la table de Salpensa, s'il faut admettre la restitution de Mommsen (1) : [*qui IIvir aedilis quaestor ex hac lege factus erit, cives Romani sunto, cum post annum* (ou mieux peut-être : *nisi intra annum) magistratu] abierint cum parentibus coniugibusque [a]c liberis.* D'après cela, en effet, et conformément aux principes exposés plus en détail par Mommsen (*Stadtrechte*, p. 405), l'obtention du droit de cité serait attachée non à la prise de possession, mais à l'achèvement régulier d'une année entière de magistrature (2). Il résulte de là que, bien qu'on pût prétendre au droit de cité romaine dès le moment où l'on prenait possession de la magistrature (3), la collation formelle de ce droit et l'inscription dans la tribu qui en était la conséquence, n'étaient obtenues qu'après l'expiration de cette magistrature ; c'est ce que fait également entendre l'absence de l'indication de la tribu dans des inscriptions de magistrats latins. Il est vrai qu'on ne peut, en général, tirer de ce fait une conclusion certaine sur la condition de ces magistrats au point de vue du droit de cité. Mais si dans les dédicaces suivantes : *C. I. L.*, II,

---

Asconius, la cinquante-troisième colonie romaine, » n'a pas besoin de réfutation. La première « *deductio* » tombe en l'année 536 (Asconius : *pridie kal. Jun. primo anno eius belli* [P.] *Cornelio Scipione, patre Africani prioris, Ti. Sempronio Longo coss.*) ; d'après cela, la collation du droit de cité eut lieu en l'année 589 ; déjà, dès l'année 564, Placentia ainsi que Cremona avaient été renforcées par de nouveaux colons (Livius, 37, 46-47). La guerre, faite avec succès contre les Ligures, en 588, fut peut-être l'occasion de cette collation du droit de cité. Dans cette guerre, en effet, Placentia, qui antérieurement avait gravement souffert des incursions des Ligures (liv. 34, 56), dut sans doute servir de base d'opérations aux Romains. On ne peut dire avec certitude si Cremona, si étroitement unie à Placentia dans son origine et son développement, n'a pas obtenu le droit de cité avant la *lex Julia* (Mommsen, *C. I. L.*, V, p. 113). Nul doute pourtant que la situation de Placentia *en deçà* du Pô n'ait exercé quelque influence sur cette concession.

(1) La restitution tentée par Zumpt (*Studia Romana*, p. 354 et suiv.) a été suffisamment réfutée par Rudorff, *De maiore ac minore Latio*, Berlin, 1860, p. 7 et suiv.

(2) Dans le texte d'Appien (*B. C.*, 2, 26 : Πόλιν δὲ Νεόχωμον ὁ Καῖσαρ ἐς Λατίου δίκαιον ἐπὶ τῶν Ἄλπεων ᾠκίκει, ὧν ὅσοι κατ' ἔτος ἦρχον, ἐγίγνοντο Ῥωμαίων πολῖται. τόδε γὰρ ἰσχύει τὸ Λάτιον) on n'aura pas à chercher autre chose qu'une simple traduction des mots *annui magistratus*.

(3) Sur le dispositif du *Decretum Tergestinum* concernant l'obtention du droit de cité par l'édilité et l'entrée à la curie, cf. note 37.

n. 1610 (cf. *Addenda*, p. 703) : *municip[es] Igabrenses beneficio Imp. Caesaris Aug. Vespasiani c(ivitatem) R(omanam) c(onsecuti) cum suis per h[onore]m Vespasiano VI cos. M. Ælius M. fil. Niger aed(ilis) d. d.*, ou n° 1631 : *L. Junius Faustinus L. Junius L. f. Mamius Faustinus* (père et fils) *c(ivitatem) R(omanam) per honorem consec[uti] beneficio...* (1), les magistrats qui les ont faites pour remercier l'empereur de leur avoir conféré le droit de cité, omettent la marque extérieure de ce droit, c'est-à-dire l'inscription dans la tribu; n'est-on pas en droit de supposer

(1) Je ne voudrais pas donner à cette preuve une trop grande importance, car, d'une part, la réception dans la tribu pouvait être différée pour des causes extrinsèques, d'autre part elle apparaît dans quelques inscriptions analogues d'Espagne : *C. I. L.*, II, n° 1945 (mieux *Addenda*, p. 704) : *L. Munnius Quir. Novatus et L. Munius Quir. Aurelianus c(ivitatem) R(omanam) per h[ono]rem II vir(atus) consecuti* et n° 2096 : *c(ivitatem) R[omanam co]ns(ecutus) cum u[x]or[e et liberi]s ? per hon(orem) II v[i]r(atus) [L.] Valerius L. f. quir. Rufus s(ua) p(ecunia) d(onum) d(at)*. Sans doute on devra, d'accord avec les inscriptions espagnoles, compléter de la manière suivante [le fragment trouvé, pendant l'été de 1877, près de Veyer (Hautes-Alpes) (*Bulletin des Antiquaires*, 1877, p. 141 = Allmer, *Revue épigr.*, I, p. 15, n. 24) :

T VENNONIVS SM
....RTVLLIFIL QVIRI
.............CIVITATEM

= *T(itus) Vennonius Sm[e]rtulli fil(ius) Quiri[na...] civitatem [Romanam per honorem consecutus...]* Le nom du père a déjà été reconstitué par Mowat dans le *Bulletin des Antiquaires*, 1878, p. 246. D'après cette inscription, Vennonius serait arrivé au droit de cité par suite du droit latin conféré aux Alpes Cottiae et en exerçant une fonction municipale, probablement à Ebrodunum. Il n'y a pas lieu cependant de conclure de ces textes que les *honorati* dont il est question fussent encore, à ce moment même, en fonctions. De ces inscriptions aussi bien que de la *lex Salpensana*, § 25, il ressort que parfois le droit de cité était directement acquis par le duovirat, c'est-à-dire que ces duovirs n'avaient exercé auparavant ni l'édilité ni la questure. La possibilité de ce fait ressort également de la limite d'âge que la *lex Malacitana*, § 54, fixe indistinctement à vingt-cinq ans pour le duovirat, l'édilité et la questure. Cette disposition a peut-être été prise, comme le supppose Mommsen (*St. R.*, I², p. 555, note 2), « en faveur de certains personnages légalement dispensés de l'exercice des magistratures inférieures. » Cependant (Mommsen, *Stadtr.*, p. 415, note 65) il faut reconnaître que l'usage en vigueur depuis longtemps déjà de suivre la filière paraît n'avoir été élevé à la hauteur d'une loi que par l'édit d'Antonin le Pieux, cf. Modestinus, *Digg.*, 50, 4, II, *pr. : ut gradatim honores deferantur, edicto, et ut a minoribus ad maiores perveniatur epistula Divi Pii ad Titianum exprimitur.* Les inscriptions d'Espagne dans lesquelles le droit de cité est obtenu directement par le duovirat prennent date du reste immédiatement (et probablement dans la première année) après la transformation de l'ancien régime indigène en régime latin, alors que naturellement il n'existait aucun *exédile* ou *exquesteur* (cf. *Göttinger gelehrte Anzeigen*, 1870, p. 1091). On ne cite à ma connaissance, excepté les Césars et les personnages éminents, aucun cas analogue datant d'une époque plus récente.

qu'ils n'en avaient pas encore acquis, à ce moment, la légitime possession ?

La plus importante question que soulève le passage de Gaius est celle-ci : De quelle époque date la division du droit latin en *maius* et *minus?* En prenant pour point de départ la leçon de Studemund, nous arriverons peut-être à la résoudre approximativement par l'examen attentif des renseignements qui nous sont parvenus sur la concession de ce droit.

Nous n'avons pas à remonter plus haut que la loi Pompeia de 665, en vertu de laquelle les communes de la Gaule Transpadane, « par la fiction légale qu'elles étaient colonies latines, furent revêtues des droits attribués jusque-là aux villes latines de droit inférieur (1), » puisque, en effet, avec cette concession a été créée la forme sous laquelle la latinité fut conférée depuis lors aux communes situées hors de l'Italie. Il est inutile d'expliquer qu'il ne pouvait pas être question, dans cette loi, d'une distinction en droit latin supérieur et en droit latin inférieur, dans le sens qu'on lui donna plus tard. D'après Asconius (2), l'administration d'une magistrature conduisait au droit de cité ; c'est donc le droit latin ordinaire, ou, d'après l'expression de Gaius, le *minus Latium* qui a été accordé à ces communes. Ceci est confirmé par les données historiques ayant trait à la mesure prise par le consul Marcellus, en l'an 703, contre les *Novocomenses* (3) gratifiés par César du droit de cité romaine. Du texte de Cicéron (*ad Atticum*, V, 11, 2) : *Marcellus foede in Comensi : etsi ille magistratum non gesserit erat tamen Transpadanus; ita mihi videtur non minus stomachi nostro [quam] Cæsari fecisse*, il ressort que le personnage en question n'ayant revêtu aucune magistrature municipale (4), n'était pas citoyen romain,

(1) Mommsen, *R. G.*, II⁶, p. 239.

(2) Asconius *in Pisonianam*, p. 3 : *non novis colonis eas (Transpadanas colonias) constituit, sed veteribus incolis manentibus ius dedit Latii, ut possent habere (post haberent* Mommsen) *ius quod ceterae latinae coloniae, id est ut gerendo magistratus civitatem Romanam adipiscerentur.*

(3) Mommsen, *C. I. L.*, V, p. 565. *Röm. Gesch.*, III⁶, p. 525, en note.

(4) L'affirmation d'Appien (*B. C.*, 2, 26) : τῶν οὖν Νεοκώμον τινά ἄρχοντά τε αὐτοῖς γενόμενον καὶ παρὰ τοῦτο Ῥωμαῖον εἶναι νομιζόμενον, ὁ Μάρχελλος ἐφ' ὕβρει τοῦ Καίσαρος ἔξηνε ῥάβδοις ἐφ' ὁτῳδή, οὐ πασχόντων τοῦτο Ῥωμαίων ne peut naturellement être prise en considération en présence du témoignage non équivoque de Cicéron, et n'est pas moins erronée que l'affirmation que César n'avait donné aux *Novocomenses* que le droit latin (*C. I. L.*, V, p. 565).

mais latin, quoique, à la vérité, d'après l'opinion de Cicéron, la qualité de citoyen latin eût dû, à elle seule, le protéger contre un châtiment si infamant (1). Si l'on pouvait ajouter foi au récit de Plutarque (*César*, 29) : Μάρκελλος ὑπατεύων ἕνα τῶν ἐκεῖ βουλευτῶν εἰς Ῥώμην ἀφικόμενον ἤκιστο ῥάβδοις, ἐπιλέγων ὡς ταῦτα τοῦ μὴ Ῥωμαῖον εἶναι παράσημα προστίθησιν αὐτῷ καὶ δεικνύειν ἀπιόντα Καίσαρι κελεύει, il serait permis d'en tirer la conclusion que, à cette époque, l'exercice du décurionat ne transformait pas les Latins en citoyens romains, car le procédé de Marcellus n'est pas dirigé contre l'acquisition régulière du droit de cité garantie aux *Comenses* par la latinité (2), mais contre la concession de la cité qui, à son avis, leur avait été illégalement reconnue par César (3). Mais c'est peut-être pour ajouter à l'effet que, de son propre chef, Plutarque, ou l'autorité suivie par lui, a orné du décurionat la victime de Marcellus. Quoi qu'il en soit, on ne peut, à l'époque de César, trouver aucune trace d'une division en *maius* et *minus Latium*, c'est-à-dire de l'obtention du droit de cité par le décurionat.

D'après cela, on est évidemment en droit d'admettre que les nombreuses concessions de droit latin faites par César en Sicile (4) et dans la Gaule Narbonnaise (5) doivent également être simplement regardées comme *Latium minus* dans le sens plus récent. Au sujet de cette dernière province, cette opinion est expressément confirmée par le texte de Strabon relatif au

(1) On ne sait pas si les Latins étaient légalement soustraits à une semblable pénalité. Il semblerait, d'après Salluste (*Jugurtha*, c. 69 : *Condemnatus verberatusque capite poenas solvit. Nam is civis ex Latio fuit* cf. Zumpt, *Studia*, p. 360-1, passage mal expliqué par Rudorff, *De maiore ac minore Latio*, p. 16) que la proposition de Drusus (Plutarch., *C. Gracchus*, c. 9) : ὅπως μηδὲ ἐπὶ στρατείας ἐξῇ τινά Λατίνον ῥάβδοις αἰκίσασθαι ne fut pas acceptée ou fut de nouveau abrogée. Du reste, Cicéron lui-même n'accuse Marcellus d'aucune illégalité.

(2) L'affirmation de Mommsen (*R. G.*, III6, p. 325, en note), que « les *Ultra* regardaient comme tout à fait non avenu, même le droit municipal concédé aux colons, et, par conséquent, ne reconnurent pas non plus aux *Comenses* les privilèges attachés à l'exercice d'une magistrature latine » repose uniquemement sur l'assertion d'Appien donnée comme erronée par Mommsen lui-même.

(3) Suétone, *Cæsar*, 28 : *Marcellus... rettulit etiam, ut colonis, quos rogatione Vatinia Novum Comum deduxisset, civitas adimeretur, q u o d p e r a m b i t i o n e m e t u l t r a p r a e s c r i p t u m d a t a e s s e t*, cf. Drumann, *Röm. Geschichte*, III, p. 218 note 77. Zumpt, *Comm. épigr.*, I, p. 309.

(4, Mommsen, *R. G.*, III6, p. 507 ; cf. Marquardt, *St. V.*, I, p. 95, note 1.

(5) Mommsen, *R. G.*, III6, p. 54, en note ; Herzog, *Gallia Narbonensis*, p. 85 et s.

droit accordé à Nîmes (très vraisemblablement par César) : ἔχουσα καὶ τὸ καλούμενον Λάτιον ὥστε τοὺς ἀξιωθέντας ἀγορανομίας καὶ ταμιείας ἐν Νεμαύσῳ Ῥωμαίους ὑπάρχειν, définition que, d'après les termes employés, nous pouvons appliquer au temps de Strabon, c'est-à-dire au commencement du règne de Tibère. Malheureusement, les renseignements qui nous ont été transmis sur la diffusion du droit latin sous l'empire jusqu'à l'avènement de Vespasien, sont trop incomplets pour qu'on puisse en tirer des conclusions décisives. Nous allons recueillir ici ce qui nous en est parvenu.

Suétone, parlant d'Auguste (*Aug.*, 47), écrit : *urbium quasdam... merita erga populum Romanum adlegantes latinitate vel civitate donavit*. De telles concessions furent faites, sans aucun doute, à certaines villes de la Gaule Narbonnaise, *Augusta Tricastinorum* et *Lucus Augusti* par exemple, qui, comme le remarque avec raison Herzog (1), y participèrent en qualité de stations de la chaussée dirigée par Auguste d'Italie en Gaule. A un motif analogue doit être attribuée la concession faite, selon toute apparence, par Auguste (2) aux Alpes Cottiennes et à quelques peuplades liguriennes des Alpes Maritimes; c'est lui encore qui accorda un privilège semblable aux peuplades d'Aquitaine, les *Ausci* et les *Convenæ* (3). Cf. Strabon, 4, 2, 2, p. 191 : δεδώκασι δὲ Λάτιον Ῥωμαῖοι καὶ τῶν Ἀκυιτανῶν τισι, καθάπερ Αὐσκίοις καὶ Κωνουέναις, tandis que Plinius-Agrippa (*N. H.*, 4, 19, 108) les désigne encore en bloc, avec un grand nombre d'autres tribus, par les mots *in oppidum contributi*. En Bétique aussi, Auguste semble avoir largement propagé la latinité, et quoique Pline déjà (*H. N.*, 3, 3, 7), nomme XXVII *oppida Latio antiquitus donata*, le texte de Strabon indique un accroissement plus considérable encore (3, 2, 15, p. 151) : Λατῖνοί τε οἱ πλεῖστοι γεγόνασι καὶ ἐποίκους εἰλήφασι Ῥωμαίους ὥστε μικρὸν ἀπέχουσι τοῦ πάντες εἶναι Ῥωμαῖοι.

---

(1) Herzog, *Gallia Narbonensis*, p. 93.

(2) Plinius, *N. H.*, 3, 20, 135 : *sunt praeterea Latio donati incolae, ut Octodurenses et finitimi Centrones, Cottianae civitates, Esturi Liguribus orti Vagienni Ligures et qui Montani vocantur, Capillatorum plura genera ad confinium Ligustici maris*. C'est certainement avec raison que Mommsen (*C. I. L.*, V, p. 814 et 903, et Herzog, *G. N.*, p. 96, n° 63, et p. 110, n° 18) attribue cette collation à Auguste.

(3) Vraisemblablement aussi aux *Bituriges Vivisci*, cf. Ch. Robert, *Etudes sur quelques inscriptions antiques du musée de Bordeaux*, 1879, p. 27, n° 3.

On doit cependant admettre, comme Herzog (1), qu'Auguste,
constant avec ses principes sur le droit de cité romaine, fut
sous ce rapport incomparablement moins libéral que César.
Ses successeurs semblent avoir suivi son exemple. En effet,
nous ne pourrions citer ni de Tibère, ni de Gaius, ni de Claude
même, qui montra cependant une si grande activité pour la
diffusion du droit de cité romaine, un seul exemple certain
d'une concession de droit latin. Cela ne doit pas, à mon avis,
être attribué à notre pénurie de renseignements ; car, dans le
voisinage même le plus immédiat de l'Italie, l'extension de la
latinité ne fit, dans les premiers temps de l'empire, que des
progrès fort lents. Nous en avons pour preuve ce fait que, sous
Néron seulement, la totalité des Alpes Maritimes parvint à la
latinité (2). Pendant tout ce temps, autant que nous pouvons
voir, le droit latin n'a pas franchi les limites que lui avait fixées
provisoirement Auguste, ou, pour mieux dire, César ; c'est-à-
dire qu'il n'a pas dépassé vers le nord la zone des Alpes, le
sud de la France et de l'Espagne. C'est seulement pendant les
guerres civiles qui suivirent la mort de Néron que l'on est
allé plus loin. Tacite (3) reproche vivement à Vitellius de *Latium
externis dilargiri*, ce qui s'applique vraisemblablement aux
villes de la Gaule septentrionale qui s'étaient unies aux légions
de Germanie. Vespasien a bien, peu après, accordé la latinité
à toute l'Espagne (4) ; mais cette mesure était sans doute justi-
fiée par le fait que, dès le commencement de l'empire, cette

(1) *Gallia Narbonensis*, p. 101.

(2) Tacite, *Ann.*, 13, 32 (a. 63) : *eodem anno Caesar nationes Alpium maritimarum
in ius Latii transtulit*, cf. Mommsen, *C. I. L.*, V, p. 903.

(3) Tacite, *Hist.*, 3, 55. On pourrait peut-être rapporter le texte de Tacite sur
Othon (*Hist.*, I, 78) : *nova iura Cappadociae nova Africae, ostentata magis quam
mansura*, tout au moins en ce qui concerne l'Afrique, à une promesse de droit latin (il précède la collation de la *civitas Romana* aux *Lingones universi*, si le nom
Lingones n'est pas corrompu, comme le suppose Heraeus) ; mais l'éphémère durée
de cet état de choses ne permet pas de tirer une conclusion certaine.

(4) D'après les inscriptions, cette mesure fut prise par Vespasien, en l'année 75,
pendant sa censure ; c'est peut-être à une collation ultérieure de droit latin que se
rapportent les monnaies de Vespasien et de Titus de l'an 78, sur lesquelles sont
représentés une laie et ses marcassins (Eckhel, *D. N.*, VI, 336 et 356). Il ne faudrait pas voir dans le choix de ce type une moquerie à l'adresse des Juifs (Borghesi,
Œuvres, VI, p. 251) : c'est, comme la dédicace d'une *scrofa cum porcis triginta* faite
en Espagne (*C. I. L.*, II, 2126, cf. *Göttinger gelehrte Anzeigen*, 1870, p. 1093-4), une
allusion à la collation de la latinité.

contrée avait été presque entièrement romanisée. Toutefois, il n'est pas douteux qu'un parti exclusif, persistant à soutenir qu'il était possible et salutaire de refuser, conformément aux anciens principes, le droit romain aux provinces (1), n'ait pas accepté cette mesure sans mécontentement, et c'est pour cela que Pline, dans un passage bien connu (*N. H.*, 3, 3, 30) : *universae Hispaniae Vespasianus imperator Augustus iactatum procellis reipublicae Latium tribuit*, essaie aussi une sorte de justification de la conduite de l'empereur ; car ce texte si diversement expliqué (2) ne peut, à mon avis, prouver qu'une chose : c'est que, pendant les troubles qui éclatèrent peu de temps avant, c'est-à-dire en l'année 69 (3), le droit latin, uniquement réservé jusque-là aux Italiens et aux contrées limitrophes, y compris les anciennes provinces d'Espagne et d'Afrique (4), fut, par les concessions (d'Othon et?) de Vitellius, répandu dans les contrées barbares. Comparée à cette conduite, la concession faite à une province comme l'Espagne dut paraître non une innovation contraire à la tradition romaine, mais bien un retour à des maximes autrefois en vigueur.

Les documents épigraphiques nous ont assez instruits sur

(1) Ce parti était considérable, nous en avons pour preuve le discours de Claude trouvé à Lyon et le récit correspondant de Tacite, *Ann.*, XI, 23, cf. Sénèque, *Apocol.*, c. 3. Pour ce qui concerne le temps de César, l'assertion de Cicéron est, sur ce point, caractéristique : *scis quam diligam Siculos et quam illam clientelam honestam judicem : multa illis Caesar, neque me invito, e t s i L a t i n i t a s e r a t n o n f e r e n d a.*

(2) Nipperdey (*Opuscula*, p. 433), et Zumpt (*Studia*, p. 313) tiennent bon pour la leçon ordinaire, qui n'est pas confirmée par les manuscrits : *iactatus,* dans le sens de « ballotté par les orages de l'Etat ; » il faudrait voir là, non plus la justification d'une mesure louable prise par l'empereur, mais l'excuse d'une concession arrachée par la nécessité des temps, ce que, à coup sûr, Pline ne voulait pas dire, et ce qu'il n'aurait pas dit sous cette forme dans un ouvrage dédié au fils de l'empereur. Mais de même on peut, en s'appuyant sur la langue et les faits, élever des doutes sérieux contre la traduction donnée par Mommsen (*Stadtrechte*, p. 400, note 22) : « la latinité échouée sur les côtes d'Espagne par suite des tourmentes politiques. » Mon explication, au contraire, concorde mieux avec le texte de Tacite : *Latium e x t e r n i s dilargiri* et avec la tendance de Pline lui-même. On pourrait aussi chercher dans *i a c t a r e* l'idée accessoire de dissiper (Sénèque, *De clem.*, I, 3, 4. Paulus, *Digg.*, 22, 3, 25, *pr.*) si le mot *procellis* qui suit ne montrait l'esprit de l'écrivain occupé d'une autre image.

(3) Rudorff donne une explication erronée, *loco citato*, p. 15 : *iactatum procellis rei publicae* « *hoc est l e g e J u l i a quae de civitate sociorum lata fuit, ex Italia expulsum promotumque in provincias partium occidentis.* »

(4) Sur l'Afrique, cf. Pline, *H. N.*, 5, 20 et suiv., et Marquardt, *St. V.*, I, 315 et s.

cette concession même, pour nous permettre d'établir, avec le critérium donné par Gaius, la qualité du droit concédé par Vespasien à l'Espagne (1). Assurément, le petit nombre d'inscriptions indiquant l'obtention du droit de cité *per honorem*, qui ne font jamais mention du décurionat, ne suffit pas pour tirer une conclusion, pas plus que ne prouverait à lui seul le § 21 de la *lex Salpensana* avec la rubrique exactement restituée par Mommsen [*ut magistratus civitatem romanam consequantur*]; car s'il parle uniquement de l'exercice d'une magistrature pour l'obtention du droit de cité, on peut supposer que les chapitres perdus renferment des décisions analogues au sujet du décurionat. Mais ce qui est décisif, c'est le § 25 de la *lex Salpensana* sur le *praefectus* laissé par le duovir absent : *e[i] qui ita praefectus relictus erit... in omnibus rebus id ius e[a]que potestas esto praeterquam de praefecto relinquendo et de c(ivitate) R(omana) consequenda quod ius quaeque potestas h(ac) l(ege) II viri]s qui] iure dicundo praeerunt datur.* Or, comme le commencement du paragraphe détermine que ces préfets devaient être *ex decurionibus conscriptis*, il en résulte qu'à Salpensa le décurionat ne conduisait pas au droit de cité romaine, et par conséquent Salpensa, et sans doute toute l'Espagne, avaient obtenu le droit qualifié par Gaius de *minus Latium*. Peut-être n'a-t-on pas le droit d'inférer de l'expression générale de Pline : *Latium tribuit*, que cette forme du droit latin était la seule connue par cet auteur. En tout cas, il faut convenir qu'on ne peut établir, dans l'état actuel de la science, l'existence, au temps de Domitien (2), d'un partage du droit latin en deux degrés inégaux.

---

(1) J'ai déjà exposé ce qui suit dans l'appréciation du t. II du *C. I. L.*, insérée dans les *Göttinger Gelehrten Anzeigen*, 1870, p. 1081 et suiv. Mais on sait que les articles un peu longs des revues critiques ne sont généralement pas lus. Il me sera donc permis de reprendre encore une fois la partie relative à mon sujet que je ne puis omettre ici.

(2) Peu importe pour la question que la *Tabula Salpensana* soit, comme Brambach (*Ortographie*, p. 315) l'a démontrée, à mon avis, une copie non antérieure aux Antonins; toutefois, qu'il me soit permis, à cette occasion, d'émettre l'hypothèse que la mutilation de l'original de Malaga, qu'il a fallu compléter par le droit municipal de Salpensa, eut lieu par suite d'une de ces invasions des Maures qui éprouvèrent l'Espagne entière sous Hadrien, Antonin le Pieux et Marc-Aurèle. La florissante cité de Malaga eut assurément à supporter en première ligne le choc de ces hordes barbares qui firent subir un long siège même à Singilia-Barba, située plus au nord (*C. I. L.*, II, 2015, cf. 1120).

Pline le jeune a célébré, avec son emphase verbeuse (1), les mesures libérales adoptées par Nerva et Trajan envers les Latins au sujet de l'impôt sur les héritages ; mais son exhortation : *laeti ergo adite honores, capessite civitatem*, ne fournit, pour la question qui nous occupe, rien de plus que l'indication laconique du biographe d'Hadrien (c. 21) : *Latium multis civitatibus dedit* (2). Nous ignorons également si Antonin le Pieux suivit son prédécesseur dans cette voie (3). Toutefois, un important monument épigraphique nous le montre agissant dans un sens analogue. On sait que le *decretum Tergestinum* (4) contient une action de grâce votée à un citoyen considérable, autant pour d'autres mérites qu'il s'est acquis envers sa ville natale que pour ce fait particulier qu'il a tout récemment obtenu de l'empereur Antonin le Pieux la faveur : *uti Carni Catalique attributi a Divo Augusto rei publicae nostrae, prout qui meruissent vita atque censu, per aedilitatis gradum in curiam nostram, admit[te]rentur ac per hoc civitatem Romanam apiscerentur.* Ce n'est pas ici le lieu d'entrer dans une étude plus détaillée des *civitates attributae* dans l'Italie supérieure et les provinces limitrophes (5). Il nous suffira de constater que, bien que l'obtention du droit de cité romaine dépende pour les *Carnuti* et les *Catali* de l'entrée dans la curie de Tergeste, entrée qui, il est vrai, résulte uniquement de l'exercice de l'édilité, toutefois ceci ne peut être allégué comme exemple du *Latium maius*, puisqu'il s'agit ici du sénat non pas d'une

(1) Cf. Huschke, *Gaius*. Leipzig, 1855, p. 16 et suiv., en particulier sur les *iura cognationum*.

(2) On peut, au sujet de ce texte, penser du premier coup au nord de la Gaule, peut-être aussi à la Rhétie et au Norique. Mais on ne peut nullement le rapporter, avec Zumpt (*Comm. epigr.*, I, p. 412), à une collation de la latinité faite à la Gaule Narbonnaise entière qui, sans aucun doute, ne peut pas avoir été jusque-là moins favorisée que l'Espagne.

(3) Les types de la laie et des marcassins sur les monnaies d'Antonin le Pieux (Eckhel, VII, p. 30-31 ; Cohen, II, nᵒˢ 441, 447, 572, 630, 823, 891, 953) appartiennent aux représentations tirées de la légende d'Enée, et destinées à célébrer ce prince comme le restaurateur de l'ancien culte. Ils n'ont vraisemblablement rien de commun avec la collation du droit latin.

(4) *C. I. L.*, V, 532. Cf. C. Zumpt, *Decretum municipale Tergestinum*, Berlin, 1837.

(5) Cf. sur ce point Mommsen, dans l'*Hermes*, IV, p. 112 et suiv. ; Zumpt, *Studia*, p. 286 et suiv. ; Kuhn, *Städtische und bürgerliche Verfassung*, II, p. 41 et suiv. ; Kuhn, *Uber di Entstehung der Städte der Alten* (1878), surtout p. 395 et suiv. ; Marquardt, *St. V.*, I, p. 13-16.

colonie latine, mais bien d'une colonie de citoyens romains (1).

Nous voici arrivés à l'époque où Gaius écrivit le texte qui a donné lieu à cette étude (2), et, parmi les renseignements assez nombreux qui nous sont parvenus sur le droit latin, pas un seul ne mentionne le *maius Latium*. Malgré le danger qu'offre en principe une conclusion *ex silentio*, on est cependant en droit d'admettre qu'une institution ancienne et d'un usage fréquent aurait laissé au moins une trace soit dans les inscriptions, soit dans les textes d'auteurs comme Strabon, Asconius, Pline (3). Si, par suite, j'émets la conviction que cette division du droit latin n'est pas beaucoup antérieure à l'époque de Gaius qui l'a signalée, on ne pourra du moins m'opposer aucun fait connu jusqu'à ce jour, et la conclusion de Gaius : *idque complu-*

---

(1) Mommsen, *C. I. L.*, V, p. 53 : « *Tergestini cum cives Romani essent omnes utpote coloni, Carni Catalique vel post Pium civitatem non assequebantur nisi aediles facti coloniae eius. Scilicet Carni Catalique a Pio non civitatem Romanam acceperunt, sed latinitatem ; neque id sine exemplo est populos cum coloniis municipiisve optimi juris contributos non habere nisi ius Latinum : ita Euganeas gentes, quae et ipsae rem publicam non habuerunt, sed Brixianorum maxime fuerunt, Latini iuris fuisse Plinius refert.* » La décision est étrange, en ce sens que l'obtention du droit de cité est attachée non à l'exercice de l'édilité, mais à l'entrée dans la curie (*per hoc*), car., dans une colonie de citoyens romains, il était difficile que l'édilité fût exercée par d'autres que par des citoyens. D'ailleurs, on pourrait croire que l'exercice de l'édilité dans une colonie de citoyens romains aurait dû suffire pour conduire à la *civitas;* il est permis par conséquent, et aussi par d'autres analogies (Cf. *C. I. L.*, V, n. 4957 : *C. Placidius C. f. quir. Casdianus II vir i(uri) d(icundo) Camunnis, aedil(is) quaest(or) praef(ectus) i(uri) d(icundo) Brix(iae)...*), entendre par édilité le plus haut emploi municipal chez les Carni et les Catali, comme cela se voit souvent dans les *vici* et les *pagi*. Mais les mots suivants : *adm[itt]endo ad honorum communionem* et *per honorariae numerationem* mettent en défiance contre cette interprétation, quoi qu'on puisse les appliquer aussi au décurionat (cf., par exemple, Traianus Plinio, 113 ed. Keil, honorarium decurionatus *omnes qui [in] quaque civitate Bithyniae decuriones fiunt inferre debeant... Ephemeris epigr.*, I, p. 44 (an 167) : *quod decurionem eum remisso honor[a]rio et muneribus et oneribus r. p. fecerin[t]*). La grande valeur que les *Tergestini* attachent à l'admission à l'édilité de ces populations *attributae* peut être interprétée en faveur de ce fait dont nous avons d'autres indices (*Corp.*, V, n. 544, cf. p. 53), à savoir que le collège des édiles, à Trieste, était composé de plus de deux membres.

·(2) Le premier livre a été en tout cas rédigé du vivant de Pius, bien que vraisemblablement peu de temps avant sa mort (cf. Dernburg, *Die Institutionen des Gaius*, p. 67).

(3) On ne peut naturellement attacher aucune importance à ce fait qu'Appien (*B. C.*, 2, 26) fait exclusivement dépendre le droit de cité de l'exercice de la magistrature, et cela seul lui était essentiel puisque, du personnage maltraité, il fait faussement un fonctionnaire.

ribus epistulis principum significatur, semble même établir que
cette graduation du droit latin était récente. Est-ce à Hadrien
(il ne peut être question d'Antonin le Pieux, à cause du mot
principum), ou à l'un de ses prédécesseurs immédiats qu'on
doit attribuer cette institution ? On ne pourrait le déterminer
avec certitude ; il me semble cependant qu'une autre considération engage à ne pas remonter à une époque de beaucoup antérieure à cet empereur. Le but essentiel de l'établissement du
Latium minus a été d'amener, par un nouveau privilège, des candidats au décurionat dans les villes latines. Or, autant que nous
pouvons l'inférer des sources épigraphiques, une semblable
mesure n'aurait pas été nécessaire pendant le premier siècle de
l'empire. Au second siècle seulement, et la première fois sous
Trajan (1), apparaissent les premiers symptômes des craintes
inspirées par la responsabilité et les dépenses qu'entraînent les
fonctions municipales. D'après les déclarations caractéristiques
des habitants de Tergeste (2), cette crainte avait pris, même
dans cette ville de commerce si importante et dès le temps
d'Antonin le Pieux, des proportions inquiétantes. C'est, si je ne
me trompe, pour ces motifs que dès le commencement du second
siècle, et vraisemblablement à dater du règne d'Hadrien, dont
le biographe fait tout particulièrement ressortir les nombreuses
concessions du droit latin et dont la sollicitude pour les provinces de l'empire romain est assez connue, l'obtention du droit romain put être attachée, pour certaines communes latines privilé-
giées, à l'exercice du décurionat, déjà redouté comme un fardeau.

Un siècle à peine après la création du *Latium minus*, l'institu-

(1) Traianus Plinio, 113 k. : *Adversus eos qui inviti fiunt decuriones.*
(2) *C. I. L.*, V, n. 532, 2, v. 8 : *curiam complev[it]* et v. 14-17, *e]t sin[t] cum qui-
bus munera decurionatus iam ut pauci[s one]rosa honeste de pl[e]no
compartiamur* (cf. Wilmanns, nᵘ 200). L'édit de Pius, déjà cité, note 12 : Modestinus, *Digg.*, 50, 4, 11, *pr.* : *Ut gradatim honores deferantur, edicto, et ut a minoribus
ad maiores perveniatur, epistula divi Pii ad Titianum exprimitur*, pourrait aussi
avoir en vue le manque de candidats pour les fonctions inférieures (cf. *Ibid.*, § 2,
et *Digg.*, 50, 4, 12); cas prévu déjà dans la *lex Malacitana*, § 51. Cf. Marquardt, *St.
V.*, I, p. 511 et suiv. L'innovation, qui n'est certainement pas antérieure à la fin du
second siècle, d'après laquelle les décurions seuls sont éligibles (Paulus. *Digg.*, 50,
2, 7, § 2. Cf. Kühn, *Städtische Verfassung*, I, p. 241), est la conséquence naturelle
de cette dégénérescence des attributions municipales ; cette décision n'était pas
encore en vigueur au temps de Gaius, ainsi qu'il résulte de sa définition du droit
latin, et ainsi que le confirme le *Decretum Tergestinum*.

tion de la latinité coloniale semble avoir pris fin. Elle avait, dans les provinces, en tout ou en partie romanisées, comme la Sicile, la région des Alpes, la Gaule (1), l'Espagne et l'Afrique (2), accompli sa mission, en servant de degré préparatoire à l'obtention du droit de cité complet. Dans les régions d'occupation purement militaire, par exemple dans les provinces du Danube, sur le Rhin, en Bretagne, là où il n'existait entre les citoyens romains et les indigènes ni assimilation ni fusion, ce droit aurait été aussi peu à sa place que dans les provinces orientales de langue grecque, et il ne peut paraître surprenant que, ni dans les unes ni dans les autres, on ne trouve pas une seule commune latine (3). Après que Caracalla eut concédé le droit de cité à tous les habitants *ingenui* de l'empire romain, un classement social tendit à se substituer peu à peu à la distinction politique en vigueur jusque-là ; et lorsque Justinien supprima l'institution des *Latini Juniani*, la notion des *Latini coloniarii* était, depuis des siècles déjà, une antiquité presque morte et dénuée de sens (4).

(1) Mommsen, *R. G.*, III, p. 553 (au sujet de la *Gallia Narbonensis*) : « Les localités non occupées par des colons semblent également, en grande partie du moins, avoir été préparées à la « romanisation » par la collation du droit latin, de la même manière que jadis le pays celtique transpadan. Donc, tandis que la Gaule cisalpine progressait du degré préparatoire à la parfaite égalisation avec l'Italie, la province Narbonnaise la suivait dans cette phase préparatoire. »

(2) Il est naturel que le nombre des colonies latines ait été ici très petit, si on le compare à celui de la Gaule et de l'Espagne (Cf. Pline, *H. N.*, V, 19-20, 29. Marquardt, *St. V.*, I, p. 315, 317, 329).

(3) Peut-être faut-il en partie attribuer ce fait à la pauvreté des documents ; car il serait surprenant que le droit latin n'eût pas pénétré en Dalmatie ou en Norique. De ce que çà et là, dans des inscriptions de magistrats municipaux, l'indication de la tribu manque, on ne peut vraiment pas tirer une conclusion sur la latinité des communes en question.

(4) La dernière mention des *Latini coloniarii* comme d'une classe continuant d'exister se trouve dans Ulpien, *fragm.* 19, 4 (par conséquent sous Caracalla) : *Mancipatio locum habet inter cives romanos et Latinos coloniarios Latinosque Junianos...* Cf. *fragm. Dosithei de manumiss.*, § 6, et Savigny, *Verm. Schr.*, I, p. 27. Marquardt soutient à tort, *St. V.*, I, p. 62, « que jusqu'à Justinien il existe toujours un droit latin de double sorte : celui des *Latini coloniarii*, et celui des *Latini Juniani* » ; au contraire, il ressort suffisamment des paroles de Justinien (*Cod. J.*, VII, 6, I, I, an. 531) : *Cum enim Latini liberti ad similitudinem antiquae latinitatis, quae in coloniis missa est, videntur esse introducti, ex qua nihil aliud reipublicae nisi bellum accessit civile, satis absurdum est ipsa origine rei sublata imaginem ejus derelinqui*, que l'idée des *Latini coloniarii* de l'époque impériale avait complètement échappé à l'empereur ou aux rédacteurs de l'édit.

REVUE GÉNÉRALE
DU DROIT, DE LA LÉGISLATION
ET DE LA JURISPRUDENCE
EN FRANCE ET A L'ÉTRANGER

DIRIGÉE PAR MM.

BARTHELON
Conseiller à la Cour de Limoges;

Alph. BOISTEL
Professeur à la Faculté de droit de Paris;

Max. DELOCHE
de l'Institut;

Th. DUCROCQ
Doyen de la Faculté de droit de Poitiers;

HUMBERT
Sénateur,
Ancien professeur à la Faculté de droit
de Toulouse,
Procureur général près la Cour des comptes;

Edm. LABATUT
Juge d'instruction au tribunal de
Castres;

Joseph LEFORT
Avocat à la Cour d'appel,
Lauréat de l'Institut;

Fréd. MATHÉUS
Maître des requêtes au Conseil
d'État;

MICHAUX-BELLAIRE
Avocat au Conseil d'État
et à la Cour de cassation;

Aug. RIBÉREAU
Professeur à la Faculté de droit, à l'École de
commerce et d'industrie de Bordeaux.

H. BROCHER
Professeur de droit à l'Université
de Genève.

SUMNER-MAINE
Professeur de droit à l'Université d'Oxford,
Membre du Conseil supérieur de l'Inde.

AVEC LE CONCOURS D'UN GRAND NOMBRE DE PROFESSEURS, DE MEMBRES DE LA MAGISTRATURE
ET DU BARREAU FRANÇAIS ET ÉTRANGER

La **Revue générale du droit** paraît tous les deux mois par livraisons de chacune six feuilles
au moins grand in-8° cavalier, format de nos grandes revues littéraires, et forme, à la fin de l'année,
un fort volume de 700 pages environ, imprimé sur beau papier en caractères neufs.

Le prix de l'abonnement est de **16 fr.** pour la France et les pays faisant partie de l'Union
générale des postes. — Pour les autres pays, les frais de poste en sus.

BOISTEL (Alphonse), professeur agrégé à la Faculté de Paris. — *Précis du cours de droit
commercial* professé à la Faculté de droit de Paris. 2ᵉ *édition*, revue, corrigée et considérablement augmentée. 1878. 1 très-fort vol. in-8.　　　　　　　　　　　　　　　14 »

DUCROCQ (Th.), doyen et professeur de droit administratif à la Faculté de droit de Poitiers, etc.,
etc. — *Cours de droit administratif* contenant le commentaire et l'exposé de la législation
administrative dans son dernier état, avec l'analyse ou la reproduction des principaux textes,
dans un ordre méthodique. CINQUIÈME ÉDITION, très augmentée, mise au courant de la doc-
trine, de la jurisprudence, de la statistique, des programmes des cours dans les Facultés
de droit et des concours à l'auditorat au conseil d'État et à la Cour des comptes, pour ceux
du ministère de l'intérieur, du ministère des finances, de l'administration de l'enregistre-
ment, des domaines et du timbre, aux grades de commissaires et d'aides-commissaires de
la marine, d'élèves consuls, etc. 1877. 2 très forts vol. in-8 compactes, contenant la ma-
tière d'au moins quatre volumes ordinaires.　　　　　　　　　　　　　　　　18 »

KELLER (F.-L. de), professeur à l'Université de Berlin. — *De la procédure civile et des ac-
tions chez les Romains*; traduit de l'allemand et précédé d'une introduction par M. Charles
CAPMAS, professeur à la Faculté de droit de Dijon. 1870. 1 beau vol. in-8.　　　　9 »

LEFORT (Joseph), lauréat de l'Institut, avocat à la Cour d'appel de Paris. — *Cours élémentaire de droit criminel*. 2ᵉ édition, revue et augmentée. 1879. 1 fort vol. in-8.　　8 »

SAVIGNY (de), professeur à l'Université de Berlin, membre de l'Institut de France. — *Le droit
des obligations*. Traduit de l'allemand et accompagné de notes, par MM. C. GÉRARDIN, professeur de droit romain à la Faculté de droit de Paris; et Paul JOZON, député, avocat à la
Cour de cassation. DEUXIÈME ÉDITION, revue, corrigée et augmentée. 1873. 2 forts vol. in-8°,
sur beau papier vélin.　　　　　　　　　　　　　　　　　　　　　　　　15 »

THÉZARD (Léopold), professeur à la Faculté de droit de Poitiers. — *Répétitions écrites sur
le droit romain*. DEUXIÈME ÉDITION, refondue et considérablement augmentée. 1879. 1 vol.
in-12.　　　　　　　　　　　　　　　　　　　　　　　　　　　　　　　5 »

BARD ET ROBIQUET, avocats à la Cour d'appel de Paris. — *Droit constitutionnel comparé*.
— La constitution française de 1875 étudiée dans ses rapports avec les constitutions étran-
gères. 2ᵉ édition, revue et augmentée. 1878. 1 vol. in-12.　　　　　　　　　　　4 »

PERROT (Georges), membre de l'Institut. — *Essai sur le droit public d'Athènes* (Ouvrage couronné par l'Académie française). 1869. 1 vol. in-8°.　　　　　　　　　　　　　6 »

PÉTIGNY (J. de), membre de l'Institut. — *Études sur l'histoire, les lois et les institutions de
l'époque mérovingienne*. 1851. 3 vol. in-8°.　　　　　　　　　　　　　　　18 »
Ouvrage couronné par l'Institut (Académie des inscriptions et belles-lettres).

RAMBAUD (Prosper), docteur en droit, répétiteur de droit. — *Précis élémentaire d'économie
politique* à l'usage des facultés de droit et des écoles. 1880. 1 vol. in-18 jésus.　3 »

www.ingramcontent.com/pod-product-compliance
Ingram Content Group UK Ltd.
Pitfield, Milton Keynes, MK11 3LW, UK
UKHW021718090726
13657UKWH00005B/2333